ENTREMESES

BLUME

Contenido

Planear la fiesta

Si va a dar una fiesta, querrá pasarlo tan bien como los invitados. Nada más fácil.
Sólo tiene que planificarla con antelación para poder relajarse cuando llegue el momento.

Todos los aperitivos de este libro se han elegido por ser idóneos para fiestas. Eso no quiere decir que no se puedan servir como entrante de una comida o en otras ocasiones; simplemente significa que son fáciles de comer mientras se está de pie. La mayoría son lo bastante pequeños para que los invitados no tengan que pelearse con la comida, el plato, el vaso y la servilleta.

¿QUÉ SE CELEBRA?

Si está planeando una fiesta, la primera decisión que debe tomar es qué tipo de fiesta quiere ofrecer. Puede ser informal, formal, sencilla o fastuosa. ¿Servirá luego una cena a la mesa o sólo ofrecerá bebida y canapés? ¿Quiere que dure sólo unas horas o hasta altas horas de la madrugada?

CUÁNDO Y DÓNDE

A continuación, tendrá que pensar en la hora y el lugar donde se celebrará la fiesta. Evidentemente, la época del año tiene un gran impacto en el acontecimiento, por ejemplo, si es a cubierto o en el exterior, pero también influirá en el menú. Los hábitos alimentarios de las personas cambian según la estación; normalmente comemos alimentos más pesados en los meses de frío y preferimos la comida ligera en los calurosos. Por lo tanto, déjese guiar por la temporada para planificar el menú.

La hora del día también influye en el tipo de comida que se ofrece. Debe tener en cuenta si los invitados han comido un almuerzo completo poco tiempo antes o si la última comida ha sido hace bastante rato. Por ejemplo, los invitados que lleguen directamente del trabajo tendrán más apetito, mientras que los que hayan comido abundantemente al mediodía no comerán mucho por la noche.

SUS INVITADOS

Otro factor que se debe considerar cuando planifique el menú son sus invitados. No sólo el número de personas que invita es importante, sino también el tipo de personas a las que quiere invitar. ¿Qué comida les gustará más? Un equipo de fútbol que acaba de jugar el partido de la final, por ejemplo, no tendrá suficiente con unos delicados bocaditos. Emplee el sentido común; una regla apropiada cuando los invitados son de distintos tipos es servir unos canapés tradicionales, como tartaletas, y algunos aperitivos con base de pan, en especial si va a servir alcohol, y seguir con una selección de canapés más innovadores. Es una buena idea incluir al menos una variedad vegetariana cuando tenga muchos invitados diferentes.

QUÉ CANTIDAD DEBE SERVIR

Uno de los aspectos más importantes de la planificación de una fiesta radica en asegu-

rarse de que haya bastante comida. Utilice la siguiente guía general como punto de partida, y luego piense en los demás factores que ya se han mencionado para hacer su elección final. Todas nuestras recetas incluyen el número de porciones resultantes, lo que le será muy útil.

En el caso de un aperitivo antes de la cena, sirva 3-5 piezas por persona. Para un cóctel de dos o tres horas, prepare unas 3-5 piezas por hora y persona. Si va a celebrar un fiesta, que normalmente dura unas 4 horas, deberá contar con 12-15 piezas por persona para que la comida resulte generosa. Normalmente, a medida que avance la fiesta, será necesaria menos comida. Si dura más de 4 horas, sirva un tentempié ligero al final. Los aperitivos como nueces y patatas no se han incluido en este cálculo pero son un aliado útil en las reuniones informales. Recuerde que cuanto más formal es la reunión, menos suelen comer los invitados, incluso si son amigos.

Es una buena idea hacer saber a sus invitados qué tipo de reunión va a celebrar para que no lleguen esperando una cena y desfallezcan de hambre después de unos cuantos canapés. Si va a ofrecer un cóctel de dos horas, indique la hora a la que empieza y acaba en la invitación. De esa forma, los invitados no supondrán que va a haber una cena, sino simplemente aperitivos. Si la celebración durará hasta bien entrada la noche, haga saber a sus invitados que preparará comida suficiente para que no cenen antes.

LISTA DEL EQUIPO

Espacio en el frigorífico/ congelador	Platos
Placas y fuentes para hornear	Fuentes y bandejas
Palillos o pinchos de cóctel	Cuencos para servir (grandes y pequeños)
Cucharas y tenedores	Ceniceros
Servilletas	Mesas pequeñas
Posavasos	Cuencos para los desechos
Vasos y copas de plástico	Palillos de dientes

LOS CANAPÉS

Independientemente del tamaño o tipo de fiesta, no olvide tener en cuenta su equipo, tiempo y presupuesto. Unas cuantas fuentes con recetas bien elegidas tendrán un mayor impacto y le robarán menos tiempo que 20 recetas distintas. También puede incluir algunos aperitivos preparados para redondear el menú.

Por regla general, si tiene de 10 a 20 invitados, ofrezca 6 canapés distintos, y si el número de invitados es mayor, 8-9 tipos distintos. Cuando los elija, intente no repetir el ingrediente principal, por ejemplo,

no sirva bolitas de gamba y gambas con hierba limonera. Empiece con una selección de canapés fríos y luego pase a los calientes. Si los invitados van a quedarse hasta tarde, sirva también dos o tres canapés dulces al final para indicar el final de la fiesta.

LA PREPARACIÓN

A la vez que intenta elegir un menú equilibrado, piense en uno que no le suponga pasar un mal rato; para ello, elija algunos platos que se puedan preparar con mucha antelación, incluso congelados, alguno que

se pueda hacer un par de días antes y sólo uno o dos que haya que terminar el mismo día de la fiesta. Con un poco de planificación, puede preparar muchos platos con antelación y limitar el número de los que debe elaborar el mismo día de la fiesta o los que hay que freír, hornear o decorar. Si tiene poco tiempo, busque ayuda de una amiga o alguna empresa que organice fiestas para hacer los últimos preparativos.

Escriba una lista detallada de lo que necesita comprar de lo que se pueda preparar de antemano y de cuándo debería hacerlo.

Asegúrese de tener el equipo necesario para preparar, conservar y servir todos los canapés; en especial, tenga en cuenta la comida que debe conservar en el frigorífico, calentarse o freírse.

LA PRESENTACIÓN

En una fiesta, la presentación es tan importante como la comida. Aparte de las fuentes y bandejas normales para servir la comida, puede utilizar bandejas laqueadas, vaporeras de bambú con hojas de plátano, ensaladeras forradas de hojas de parra o esterillas para sushi y bandejas cubiertas con servilletas o papel de colores (cambie el papel cuando rellene la bandeja). Y para la presentación de la comida, utilice ramitas de hierbas, cucharas chinas y vasos bajos. Independientemente de lo que elija, asegúrese de tener suficiente, pida prestado a amigos o alquile a una empresa de *catering* lo que le haga falta. Si sabe que en la fiesta habrá poco espacio, evite las fuentes grandes y pesadas que son difíciles de llevar.

Cuando coloque la comida, no la amontone. Ponga uno o como máximo dos tipos de canapé en cada bandeja. Tendrá una mejor presentación si crea filas bien definidas y espaciadas en diagonal. Por último, no olvide los aspectos prácticos: recipientes para los pinchos, palillos y servilletas sucios. Verá la diferencia que supone un poco de planificación para divertirse en la fiesta.

Mojos y salsas

Los mojos son una de las opciones más sencillas para agasajar a los invitados de una fiesta grande. Se pueden preparar con mucha antelación y sólo hay que ponerlos en una mesa auxiliar para que los invitados se sirvan.

4 rebanadas de pan blanco, sin la corteza
80 ml de leche
200 g de huevas de bacalao o mújol
   ahumadas
1 yema de huevo
1 diente de ajo, picado
150-170 ml de aceite de oliva
2 cucharadas de zumo de limón
1 cucharada de perejil finamente picado

Ponga el pan a remojar en la leche durante 5 minutos. Escúrralo bien y páselo a un robot. Añada las huevas, la yema de huevo y el ajo y triture hasta que la mezcla esté homogénea. Con el motor en marcha, incorpore poco a poco el aceite hasta que la preparación esté espesa y conserve su forma. Añada el zumo de limón y el perejil. Sazone y añada más zumo, si fuese necesario. Para 1 ²/₃ tazas.

BABA GANOUJ
Lista en 1 hora 30 minutos

2 berenjenas
80 ml de zumo de limón
2 cucharadas de *tahini*
  (pasta de sésamo oriental)
1 ½ cucharadas de aceite de oliva
3 dientes de ajo, picados
½ cucharadita de comino molido
una pizca de pimienta de Cayena
1 cucharada de perejil picado
aceitunas negras, para decorar

Precaliente el horno a temperatura
media. Pinche las berenjenas unas
cuantas veces con un tenedor y páselas
por la llama del fuego durante 5 minutos
o hasta que la piel esté chamuscada
y con ampollas.

   Pase las berenjenas a una placa
para hornear y hornéelas de 35-40 minutos
o hasta que estén blandas y arrugadas.

Coloque un colador sobre un cuenco
para que escurran los jugos amargos y déjelas
reposar 30 minutos o hasta que se enfríen.

   Pele cuidadosamente las berenjenas y
añada la carne al robot de cocina con el
zumo de limón, el *tahini*, el aceite, el ajo,
el comino y la Cayena. Triture bien hasta
que la mezcla esté cremosa. Sazone al gusto
con sal e incorpore el perejil picado. Extienda
el mojo en un plato de servicio y decore con
las aceitunas. Para 1 ²/₃ tazas.

HUMMUS
Preparación el día anterior

200 g de garbanzos secos
80 ml de aceite de oliva
3-4 cucharadas de zumo de limón
2 dientes de ajo, picados
2 cucharadas de *tahini*
1 cucharada de comino molido

Ponga a remojar los garbanzos en agua
durante 8 horas o toda la noche. Escúrralos.
Póngalos en una cacerola, cúbralos
con agua fría, lleve a ebullición y hierva
durante 50-60 minutos. Escúrralos y reserve
185-250 ml del líquido de cocción.

   Vierta los garbanzos en el robot
de cocina con el aceite, el zumo de limón,
el ajo, el *tahini*, el comino y ½ cucharadita
de sal. Mezcle bien hasta que la salsa empiece
a espesarse y estar cremosa. Con el motor
en marcha, añada poco a poco el líquido de
cocción reservado hasta que la mezcla alcance
la consistencia deseada. Para 2 ½ tazas.

SALSA VERDE MEXICANA
Lista en menos de 15 minutos

300 g de tomatillos enlatados,
   escurridos
1 cebolla pequeña, picada
1 pimiento jalapeño, finamente picado
3 dientes de ajo, picados
2 cucharadas de hojas de cilantro picadas
1-2 cucharaditas de zumo de lima

Coloque los tomatillos en el robot
con la cebolla, el chile, el ajo y 1 cucharada
de cilantro. Triture hasta que la mezcla
esté homogénea e incorpore el zumo
de lima al gusto. Añada el resto del cilantro
y procese hasta que se mezcle con la salsa.
Para 2 tazas.

Nota: los tomatillos parecen tomates verdes
recubiertos por una membrana. Su usan
mucho en la cocina mexicana.

MOJO DE JUDÍAS BLANCAS
Lista en menos de 15 minutos

2 latas de 400 g de judías blancas
   o mantequeras, escurridas y lavadas
125 ml de aceite de oliva
80 ml de zumo de limón
3 dientes de ajo, finamente picados
1 cucharada de romero fresco, picado

Coloque las judías en el robot
con el aceite, el zumo de limón, el ajo,
el romero y 1 cucharadita de sal. Triture
hasta que la mezcla esté homogénea
y sazone con la pimienta negra molida.
Para 3 tazas.

DHAL
Lista en unos 30 minutos

250 g de lentejas rojas, lavadas
¼ cucharadita de azafrán molido
1 cucharada de aceite
1 cucharada de semillas de comino
½ cucharadita de semillas de mostaza
   marrones
1 cebolla, picada
1 cucharada de jengibre fresco rallado
2 chiles verdes frescos, sin semillas y picados
80 ml de zumo de limón
2 cucharadas de hojas de cilantro fresco
   picadas

Lleve a ebullición las lentejas, reduzca el
fuego e incorpore el azafrán. Deje cocer
a fuego lento y con el recipiente tapado,
durante 20 minutos o hasta que estén blandas.
Mientras tanto, caliente el aceite en una
cacerola a fuego medio y fría el comino y
las semillas de mostaza durante 5-6 minutos
o hasta que las semillas empiecen a saltar.
Añada la cebolla, el jengibre y el chile y fría
durante 5 minutos o hasta que la cebolla esté
dorada. Añada las lentejas y 125 ml de agua.
Sazone con sal, reduzca el fuego y deje

cocer a fuego lento durante 10 minutos.
Pase a un cuenco, incorpore el zumo de
limón y decore con el cilantro. Para 3 tazas.

MOJO CALIENTE DE CANGREJO Y LIMÓN
Lista en unos 30 minutos

80 g de mantequilla
2 dientes de ajo, picados
3 escalonias a rodajas finas
1 cucharadita de mostaza en polvo
½ cucharadita de pimienta de Cayena
125 ml de crema de leche
150 g de queso crema
60 g de queso cheddar o gruyere rallado
350 g de carne de cangrejo enlatada, escurrida
2 cucharadas de zumo de limón
2 cucharaditas de salsa Worcester
3 cucharaditas de estragón fresco picado
40 g de pan rallado
1 cucharada de perejil fresco picado

Precaliente el horno a temperatura media
(170 °C). Derrita la mitad de la mantequilla
en una cacerola, fría el ajo y las escalonias de
2-3 minutos hasta que se ablanden. Añada la
mostaza en polvo, la pimienta de Cayena y

la crema. Deje cocer a fuego lento e incorpore
batiendo el queso crema poco a poco.
Cuando el queso esté bien mezclado,
incorpore batiendo el queso cheddar
removiendo constantemente y deje cocer
a fuego muy lento de 1-2 minutos. Retire
del fuego y añada el cangrejo, el zumo de
limón, la salsa Worcester y 2 cucharaditas
de estragón. Sazone al gusto con sal
y pimienta negra molida. Mezcle bien y
transfiera a una fuente de hornear pequeña.
Derrita el resto de la mantequilla en un cazo,
añada el pan rallado, el perejil y el resto del
estragón y remueva hasta que se mezclen
bien. Esparza sobre la fuente y hornee
15 minutos o hasta que la superficie esté
dorada. Sirva caliente. Para 2 ½ tazas.

Aperitivos para mojar

SIRVA ESTOS SENCILLOS Y DELICIOSOS APERITIVOS ACOMPAÑADOS DE SALSAS CASERAS O ALEGRE
UN PAR DE SALSAS PREPARADAS PARA SUS INVITADOS.

RAVIOLES DE QUESO FRITOS
Listos en menos de 15 minutos

aceite, para freír
300 g de ravioles de queso frescos

Vierta aceite en una sartén honda,
hasta llegar a un tercio de su profundidad,
y caliéntelo a 180 °C o hasta que un picatoste
se fría en 15 segundos. Fría los ravioles
por tandas hasta que estén dorados.
Sáquelos del aceite y escúrralos sobre
papel de cocina. Espolvoréelos con sal
y pimienta negra molida y sírvalos calientes.
Para unos 30 ravioles.

CRUDITÉS
Listas en unos 15 minutos

100 g de judías verdes mini, preparadas
170 g de espárragos, preparados
    y partidos por la mitad
100 g de mazorquitas de maíz
24 g de tirabeques
2 endibias, preparadas
1 emdibia roja, preparada
12 zanahorias mini, preparadas,
    hojas superiores intactas
2 pimientos rojos, en tiras de 1 cm de ancho
hierbas frescas (eneldo, perifollo, cilantro…)
    para servir
gajos de lima, para servir

Llene una ensaladera grande con agua helada
y resérvela. Lleve a ebullición agua salada
en una cacerola grande y escalde las judías,
los espárragos, las mazorcas y los tirabeques
hasta que estén tiernos pero firmes. Sáquelos
del agua con una espumadera y refrésquelos
en el agua fría; a continuación, séquelos.
Separe las hojas de ambas endibias. Coloque
las verduras, incluidas las zanahorias y el
pimiento, por grupos en la fuente de servicio
junto con su salsa preferida. Decore con
las ramitas de hierbas y los gajos de lima.
Para una fuente.

PALITOS DE HOJALDRE AL PARMESANO
Listos en menos de 30 minutos

4 láminas de pasta
    de hojaldre enrollada
50 g de mantequilla, derretida
165 g de queso parmesano
    finamente rallado
1 huevo, ligeramente batido

Precaliente el horno a temperatura media
(200 °C). Pase un pincel impregnado con la
mantequilla por el hojaldre, espolvoree cada
lámina con 25 g de queso y sazone con sal
y pimienta. Doble cada lámina por la mitad,
llevando la parte superior hacia usted. Pincele
cada lámina con el huevo. Espolvoree con
2 cucharadas de queso y sazone con sal.
Con un cuchillo muy afilado, corte la pasta
en tiras verticales de 1 cm de grosor. Páselas
a una placa para hornear cubierta con papel
sulfurizado, colocándolas todas a la misma
distancia unas de otras. Sujete los extremos
de cada tira y estírelas y gírelas en direcciones
opuestas. Hornéelas de 8-10 minutos
o hasta que se hayan dorado un poco.
Para 80 palitos.

POPPADOMS PICANTES

Listos en unos 15 minutos

3 vainas de cardamomo verdes
1 ½ cucharadas de semillas de cilantro
1 cucharada de semillas de comino
2 clavos
1 cucharadita de pimienta negra en grano
1 hoja de laurel, desmenuzada
1 cucharadita de macís molida
¼ de cucharadita de canela molida
una pizca de chile molido
aceite, para freír
24 poppadoms grandes
   (panes indios planos), cuarteados

Tueste el cardamomo, las semillas de
cilantro y comino, los clavos, los granos
de pimienta y la hoja de laurel en una sartén
a fuego lento durante 2-3 minutos o hasta
que desprendan un fuerte aroma. Deje enfriar
5 minutos y muela hasta obtener un polvo
fino. Incorpore la macís, la canela y el chile.

Vierta un tercio de aceite en una sartén
grande y caliente a 180 °C o hasta que
un picatoste se fría en 15 segundos. Fría
los trozos de poppadom, por tandas, hasta
que estén dorados y crujientes. Escúrralos
sobre papel de cocina y espolvoree con la
mezcla de especias mientras están calientes.
Para un cuenco grande.

BONIATO FRITO

Listo en unos 30 minutos

1,3 kg de boniato, pelado
   y a gajos de 6 x 2 cm
2 cucharadas de aceite de oliva
1 cucharada de semillas de hinojo
1 cucharada de semillas de cilantro
½ cucharadita de pimienta
   de Cayena
1 cucharadita de copos de sal marina

Precaliente el horno a temperatura
media alta (200 °C). Coloque el boniato
en una placa para hornear grande y
eche el aceite por encima. Machaque
en un mortero las semillas de hinojo
y cilantro. Espárzalas sobre el al boniato
junto con la Cayena y la sal marina y hornee
unos 30 minutos o hasta que el boniato
esté dorado y crujiente. Sírvalo caliente.
Para 6-8 piezas.

TORTITAS DE PAN CON CEBOLLA TIERNA
Listas en menos de 1 hora

2 cucharaditas de aceite
185 g de cebollas tiernas, en rodajas
1 diente de ajo, picado
½ cucharadita de jengibre fresco rallado
215 g de harina
1 ½ cucharadas de cilantro fresco picado
aceite, para freír

Sofría las cebollas, el ajo y el jengibre 2-3 minutos o hasta que se ablanden.

Mezcle en un cuenco la harina con 1 cucharadita de sal. Incorpore la mezcla de cebolla y el cilantro picado. Añada lentamente 250 ml de agua hasta que se forme una masa poco consistente. Amásela con las manos enharinadas 1 ½-2 minutos o hasta que esté homogénea. Tápela con película de plástico y déjela reposar 30 minutos. Extienda trozos del tamaño de una nuez de la masa en forma de óvalos finos.

Vierta 2 cm de aceite en una sartén grande y caliéntelo a fuego medio. Cuando empiece a hervir ligeramente, fría 2-3 tortitas de 25-30 segundos por cada lado o hasta que estén doradas y crujientes. Escúrralas con papel de cocina y sírvalas calientes. Para 40 porciones.

GRISSINI A LAS FINAS HIERBAS
Listos en menos de 2 horas

7 g de levadura de panadero
   seca de sobre
1 cucharadita de azúcar
500 g de harina
60 ml de aceite de oliva
15 g de perejil fresco picado
15 g de albahaca fresca picada
2 cucharaditas de copos de sal marina

Mezcle la levadura, el azúcar y 300 ml de agua caliente en un cuenco pequeño y deje levar la mezcla en un lugar cálido de 5-10 minutos o hasta que esté espumosa.

Tamice la harina y 1 cucharadita de sal sobre un cuenco. Mezcle con la levadura y el aceite para obtener una masa, añadiendo más agua si fuera necesario. Forme una bola y pásela a la superficie de trabajo ligeramente enharinada. Amase durante 10 minutos o hasta que la masa esté suave y elástica. Añada las hierbas, y amase de 1-2 minutos más para que se repartan bien. Coloque la masa en un cuenco engrasado con un poco de aceite y cúbrala con película de plástico. Déjela reposar en un lugar cálido durante 1 hora o hasta que doble de tamaño. Precaliente el horno a temperatura muy alta (230 °C) y engrase ligeramente dos placas para hornear.

Aplaste la masa y amásela 1 minuto. Divídala en 24 porciones y forme tiritas de 30 cm de longitud. Colóquelas en las placas y pincélelas con un poco de agua. Espolvoree con la sal marina. Hornee durante 15 minutos o hasta que los grissini estén dorados y crujientes. Para 24 porciones.

Montaditos de rosbif

TIEMPO DE PREPARACIÓN: 20 minutos
+ 3 horas 15 minutos en reposo
TIEMPO DE COCCIÓN: 25 minutos
Para 30 porciones

300 g de solomillo de buey
80 ml de aceite de oliva
2 dientes de ajo, picados
2 ramitas de tomillo fresco
 y un poco más para decorar
10 rebanadas de pan blanco
1 diente de ajo grande, pelado, adicional

Crema de raiforte
80 ml de crema de leche espesa
1 cucharada de raiforte
1 cucharadita de zumo de limón

1 Coloque la carne en un cuenco no metálico, añada el aceite, el ajo y el tomillo y mezcle bien. Cubra con película de plástico y deje en adobo en el frigorífico durante 2-3 horas. Precaliente el horno a temperatura media alta (200 °C).

2 Para hacer las bases, corte tres círculos de cada rebanada de pan con un molde redondo de 5 cm. Coloque el pan en una placa para hornear y hornéelos durante 5 minutos por lado; luego frote ambas caras con el ajo y reserve.

3 Para la crema de raiforte, ponga la crema en un cuenco pequeño y bátala ligeramente hasta que se espese. Incorpórele lentamente el raiforte y el zumo de limón, y sazone con la pimienta negra molida. Reserve en el frigorífico hasta el momento de servir.

4 Precaliente una fuente para asar en el horno durante 5 minutos. Retire la carne del adobo y resérvelo. Sazone generosamente la carne por ambos lados con sal y pimienta, colóquela en la fuente caliente y soase toda su superficie. Vierta por encima 2 cucharadas del adobo reservado, ase de 10-12 minutos para que la carne esté poco hecha o asada al gusto. Retírela del horno, tápela con papel de aluminio y déjela reposar 15 minutos antes de cortarla en lonchas finas.

5 Coloque un trozo de carne sobre cada círculo de pan (si las lonchas son demasiado grandes, córtelas por la mitad), ponga encima $\frac{1}{2}$ cucharadita de la crema de raiforte y una ramita de tomillo. Sirva inmediatamente.

Incorpore el raiforte y el zumo de limón a la crema batida.

Corte la carne en lonchas finas en sentido perpendicular a la veta.

Vieiras sobre patatas fritas con puré de guisantes

TIEMPO DE PREPARACIÓN: 45 minutos
TIEMPO DE COCCIÓN: 30 minutos
Para 48 porciones

1 cucharada de mantequilla
3 escalonias, picadas
1 diente de ajo, picado
2 lonchas de panceta, picadas
150 g de guisantes congelados
60 ml de caldo de pollo o agua
aceite, para freír, más 1 cucharada
4-5 patatas harinosas, peladas y cortadas
  muy finas para conseguir 48 rodajas
24 vieiras, cortadas por la mitad en sentido
  horizontal
menta fresca, para decorar

1 Derrita la mantequilla en una
cacerola y fría las escalonias, el ajo
y la panceta a fuego lento durante
3 minutos o hasta que estén tiernas
pero sin llegar a dorarse. Añada
los guisantes y el caldo, y cueza
a fuego vivo durante 3 minutos.

Deje enfriar un poco, pase a un robot
y reduzca a puré suave. Sazone.

2 Llene una sartén grande con un tercio de aceite
y caliéntelo a 190 °C o hasta que un dado de pan
se fría en 10 segundos. Fría las patatas por tandas
hasta que estén crujientes y doradas. Escúrralas
sobre papel de cocina y espolvoréelas con sal.

3 Mezcle las vieiras con 1 cucharada de aceite
y sazónelas ligeramente. Caliente una parrilla y
dore las vieiras a fuego muy vivo 5 segundos por lado
o hasta que estén un poco doradas por fuera y opacas
por el centro.

4 Vuelva a calentar el puré de guisantes. Ponga una
cucharadita de puré en cada patata frita y culmine con
una vieira. Sazone con pimienta y decore con menta.

*Cueza las escalonias, el ajo,
la panceta, los guisantes y el caldo.*

*Fría las patatas en aceite caliente
hasta que estén doradas y crujientes.*

*Dore un poco las vieiras a fuego
vivo por tandas.*

Pakoras de hortalizas con salsa de yogur a la menta

TIEMPO DE PREPARACIÓN: 20 minutos

TIEMPO DE COCCIÓN: 35 minutos

Para 40 porciones

250 g de yogur natural
20 g de menta fresca
2 cucharadas de semillas de cilantro
1 cucharada de semillas de comino
165 g de harina de garbanzos
1 ½ cucharaditas de chile en polvo
1 cucharadita de azafrán molido
3 cucharadas de cilantro fresco picado
1 cucharadita de aceite
400 g de coliflor, cortada en trozos de 1 cm
1 cebolla pequeña, a rodajas
135 g de calabacín rallado
1 diente de ajo, picado
aceite, para freír
rodajas de limón, para servir

1 Para la salsa, ponga el yogur y la menta en un robot y tritúrelos de 10-20 segundos o hasta que la menta esté picada.

2 Tueste las semillas de cilantro y comino en una sartén a fuego lento de 2-3 minutos o hasta que desprendan su aroma. Deje enfriar un poco y muélalos hasta obtener polvo. Pase a un cuenco grande y añada la harina de garbanzos, el chile en polvo, el azafrán, el cilantro fresco y 1 cucharadita de sal. Mezcle bien, incorpore el aceite y añada poco a poco 170 ml de agua y remueva hasta que se forme una pasta densa y homogénea.

3 Mezcle la coliflor, la cebolla, el calabacín y el ajo con la pasta.

4 Llene un tercio de la altura de una sartén grande con aceite y caliéntelo a 180 °C o hasta que un dado de pan se fría en 15 segundos. Añada con cuidado 1 cucharada de la mezcla de *pakora* al aceite y repita la operación hasta verter en la sartén cinco *pakoras*. Fría cada tanda 2 minutos por lado o hasta que estén dorados. Escúrralos sobre papel de cocina. Espolvoree con sal y repita la operación con el resto de la preparación. Sirva caliente con la salsa de yogur y los gajos de limón.

Triture la menta y el yogur hasta que la menta esté bien picada.

Añada las hortalizas a la masa y remueva hasta que se mezclen bien.

Rollitos de papel de arroz vietnamitas

TIEMPO DE PREPARACIÓN: 1 hora 10 minutos

+ 10 minutos de remojo

TIEMPO DE COCCIÓN: Ninguno

Para 48 porciones

Salsa *nuoc cham*

185 ml de salsa de pescado vietnamita
   o tailandesa
60 ml de zumo de lima
2 cucharadas de azúcar de palma rallado
   o azúcar moreno
2 chiles rojos pequeños, sin semillas y picados

150 g de fideos de arroz secos
48 láminas de papel de arroz redondas
   de 15 cm de diámetro
48 langostinos hervidos, pelados, sin
   el conducto intestinal y cortados por la mitad
150 g de brotes de soja
60 g de menta fresca
60 g de hojas de cilantro frescas

1 Para la salsa, mezcle todos los ingredientes y 125 ml de agua y remueva hasta que el azúcar se disuelva. Pásela a dos cuencos de servir pequeños y resérvela.

2 Coloque los fideos en un cuenco refractario, cúbralos con agua hirviendo y déjelos remojar 10 minutos. A continuación, escúrralos.

3 Prepare los rollitos de uno en uno. Sumerja una lámina de papel de arroz en agua templada durante 30 segundos o hasta que se ablande. Coloque las hojas sobre la superficie de trabajo y ponga 2 mitades de langostino en el primer tercio del rollito. Ponga encima unos cuantos fideos, brotes de soja, 3 hojas de menta y 6 hojas de cilantro, por este orden. Asegúrese de que el relleno está bien colocado y no se mueva y doble la parte inferior del rollito para que cubra el relleno. Sujetando el relleno para que no se mueva, doble hacia dentro los dos costados laterales y enrolle.

4 Coloque los rollitos en una fuente, con el lado doblado hacia abajo. Cúbralos con un paño húmedo o una película de plástico hasta que estén listos para servir, acompañados de la salsa.

Ponga los ingredientes del relleno en el tercio inferior del rollito.

Doble el rollito sobre la parte inferior y los dos lados antes de darle la vuelta.

Buñuelos de pescaditos con salsa tártara

TIEMPO DE PREPARACIÓN: 20 minutos

+ 1 hora de refrigeración

TIEMPO DE COCCIÓN: 15 minutos

Para 50 porciones

125 g de harina
1 huevo grande, ligeramente batido
250 ml de agua helada
3 cucharadas de perejil fresco picado
3 cucharaditas de cáscara de limón rallada
400 g de morralla, pescaditos o chanquetes
aceite, para freír

Salsa tártara

2 yemas de huevo
1 cucharadita de mostaza de Dijon
250 ml de aceite de oliva
1 cucharada de zumo de limón
2 cucharadas de alcaparras, escurridas y picadas
2 cucharadas de pepinillos picados
1 cucharada de perejil fresco picado
1 cucharada de estragón fresco picado

1 Mezcle la harina con un poco de sal y pimienta en un cuenco grande. Haga un hueco en el centro y añada el huevo. Bata con suavidad y añada el agua poco a poco, removiendo constantemente hasta obtener una masa homogénea. Incorpórele el perejil y la cáscara de limón. Refrígerelo, tapado, durante 1 hora.

2 Para la salsa tártara, ponga las yemas de huevo y la mostaza en un robot y bátalos 10 segundos. Con el motor en marcha, añada lentamente el aceite hasta que la mezcla espese y esté cremosa. Añada el zumo de limón y 2 cucharaditas de agua hirviendo y triture 10 segundos más. Pase a un cuenco, junto con las alcaparras, los pepinillos, el perejil y el estragón, y sazone generosamente. Tape y refrigere hasta que la vaya a utilizar.

3 Seque los pescaditos e incorpórelos con cuidado a la masa. Llene un tercio de la altura de una sartén grande con el aceite y caliéntelo a 190 °C o hasta que un dado de pan se fría en 10 segundos. Deje caer pequeñas cucharadas de masa en el aceite. Fría los buñuelos por tandas, echándoles aceite por encima con cuidado. Cuézalos de 2-3 minutos o hasta que estén dorados. Escúrralos sobre papel de cocina y manténgalos calientes. Repita la operación con el resto de la masa. Sirva inmediatamente con la salsa tártara.

Mezcle las alcaparras, los pepinillos, el perejil y el estragón con la salsa.

Añada los pescaditos y remueva hasta que estén bien mezclados.

25

Tartaletas

LO MEJOR DE ESTAS TARTALETAS ES QUE LAS BASES SE PUEDEN HACER POR ADELANTADO PARA QUE EL DÍA DE LA FIESTA SÓLO TENGA QUE PREPARAR EL RELLENO. CADA RECETA SIRVE PARA 30 TARTALETAS.

BASES DE MASA

250 g de harina
125 g de mantequilla fría, en daditos
1 huevo

Precaliente el horno a temperatura alta (200 °C). Engrase ligeramente 30 moldes pequeños para tartaletas. Tamice la harina sobre un cuenco grande y mézclela con la mantequilla con las yemas de los dedos hasta que la masa parezca migas de pan finas. Haga un hueco en el centro, añada el huevo y mezcle con un cuchillo de hoja plana, como si estuviera cortando la masa, hasta que se formen bolitas. Si la masa parece demasiado seca, añada un poco de agua fría. Forme una bola con la masa y colóquela sobre la superficie de trabajo ligeramente enharinada. Envuélvala en película de plástico y refrigérela durante 30 minutos.

Extienda la masa entre dos hojas de papel de hornear hasta que tenga 2 mm de grosor y corte 30 círculos con un molde de 6 cm. Presione cada círculo dentro de los moldes. Pinche las bases con un tenedor y hornee durante 6-8 minutos o hasta que las tartaletas estén secas y doradas. Si se hinchan, utilice un paño limpio para presionarlas y eliminar las burbujas. Déjelas enfriar antes de rellenarlas con los ingredientes que desee. Para 30 bases.

TOMATES CEREZA Y *BOCCONCINI*

Listos en 1 hora 30 minutos

300 g de tomates cereza, cuarteados
2 cucharadas de aceite de oliva
1 diente de ajo, picado
(200 g) de *bocconcini* (bolitas de mozzarella),
   cuarteadas
80 g de aceitunas negras grandes picadas
1 cucharada de aceite de oliva virgen extra
1 cucharada de albahaca fresca troceada
aceite, para freír
30 hojas de albahaca fresca pequeñas
30 tartaletas

Precaliente el horno a temperatura media
alta (200 ºC). Mezcle los tomates, el aceite
de oliva y el ajo en una fuente para hornear
y hornee 15 minutos o hasta que estén
dorados. Deje enfriar y transfiera a un
cuenco junto con los *bocconcini*, las
aceitunas, el aceite de oliva virgen extra
y la albahaca troceada; sazone y mezcle.

Llene un tercio de la altura de una
sartén con aceite y caliéntelo a 180 ºC
o hasta que un dado de pan se fría en
15 segundos. Fría las hojas de albahaca
por tandas durante 30 segundos o hasta
que estén crujientes. Escúrralas. Coloque
la mezcla en las bases con una cucharada
y ponga encima una hoja de albahaca.

HUEVO CREMOSO CON HUEVAS

Listo en menos de 1 hora

4 huevos y 4 yemas de huevo
75 g de mantequilla
4 cucharadas de huevas
30 tartaletas

Bata ligeramente los huevos y las yemas.
Derrita la mantequilla en un cazo a fuego
muy bajo, añada los huevos y bátalos
lentamente sin parar durante 5-6 minutos
o hasta que la mezcla espese y esté cremosa
pero sin que los huevos queden revueltos.
Retire el cazo del fuego inmediatamente
y sazone al gusto con sal y pimienta. Rellene
cada base con 1 cucharadita de huevo y
ponga encima ½ cucharadita de huevas
antes de servir.

RAGOUT DE SETAS

Listo en aprox. 1 hora 15 minutos

50 g de mantequilla
4 cebollas tiernas, picadas
2 dientes de ajo, picados
150 g de champiñones castaña o setas chinas
   shiitake pequeñas, en láminas finas
100 g de setas de cardo, cortadas en octavos
50 g de setas *enoki*, preparadas, separadas
   y en láminas a lo largo
3 cucharaditas de harina
2 cucharadas de caldo de pollo o agua
2 cucharadas de sake
80 ml de crema de leche espesa
brotes de guisantes, sin el tallo
30 tartaletas

Derrita la mantequilla en una sartén
grande a fuego medio y añada las cebollas
tiernas y el ajo y sofríalo todo 1 minuto.
Añada las setas y cuézalas, removiéndolas,
de 3-4 minutos o hasta que estén tiernas.
Añada la harina y remueva otro minuto.
Vierta el caldo y el sake y remueva durante
1 minuto o hasta que se hayan evaporado;
incorpore la crema; deje al fuego 1 minuto
o hasta que la mezcla se haya espesado.
Sazone. Con un cuchara ponga un poco
del relleno sobre cada base y decore con
una hoja de brote de guisante.

CANGREJO AL ESTILO ASIÁTICO

Listo en menos de 1 hora

60 ml de zumo de lima
1 cucharada de salsa de pescado tailandesa
1 cucharada de azúcar de palma rallado
   o azúcar moreno
300 g de carne de cangrejo,
   picada y escurrida
2 cucharadas de hojas de cilantro
   frescas picadas
1 cucharada de menta fresca picada
1 chile rojo fresco pequeño, picado
2 hojas de lima kaffir o cafre troceadas
30 tartaletas

Mezcle el zumo de lima, la salsa de pescado
y el azúcar en un cuenco y remueva hasta
que el azúcar se haya disuelto. Mezcle
el resto de los ingredientes y colóquelos
con un cuchara sobre las tartaletas.

Mini hamburguesas

TIEMPO DE PREPARACIÓN: 30 minutos

TIEMPO DE COCCIÓN: 10 minutos

Para 24 porciones

8 panecillos para hamburguesa
   partidos por la mitad
400 g de carne de ternera picada
25 g de pan rallado
3 escalonias, finamente picadas
1 cucharada de mostaza de Dijon
1 cucharada de salsa Worcester
80 ml de salsa de tomate
aceite de oliva, para freír
100 g de queso cheddar en lonchas finas,
   cortadas en 24 cuadrados de 3 cm
24 hojas de roqueta pequeñas, sin tallos,
   cortadas en trozos de 2,5 cm
12 pepinillos pequeños, cortados
   en rodajas finas

1 Corte círculos de pan de hamburguesa con un cortapastas de 4 cm; debería obtener 24 piezas de la parte superior y 24 de la inferior. Si los panecillos son muy gruesos, quite algo de miga con un cuchillo de sierra cuando los haya cortado.

2 Mezcle en un cuenco la carne picada, el pan rallado, las escalonias, la mostaza, la salsa Worcester, 1 cucharada de salsa de tomate y un poco de sal y pimienta molida. Divida la mezcla en 24 partes iguales del tamaño de una nuez. Con las manos húmedas, dé forma de bola a cada una y luego aplástelas.

3 Caliente una sartén grande, vierta el aceite suficiente para cubrir el fondo de la misma y fría las hamburguesas a fuego medio aproximadamente 1 minuto por lado o hasta que estén doradas. Colóquelas en una placa para hornear.

4 Tueste ligeramente los panecillos por ambos lados. Coloque encima de cada hamburguesa un poco de queso cheddar y hornee durante 1 minuto o hasta que el queso empiece a derretirse.

5 Coloque las hamburguesas sobre las mitades inferiores de los panecillos. Ponga encima las hojas de roqueta, pepinillo y el resto de la salsa de tomate. Presione un poco la parte superior y clave un palillo en el medio. Sirva calientes.

*Haga trozos de carne pequeños
y déles forma de hamburguesa.*

*Ponga el queso sobre cada
hamburguesa y derrítalo con el grill.*

Patatas *baby* rellenas

TIEMPO DE PREPARACIÓN: 25 minutos

TIEMPO DE COCCIÓN: 45 minutos

Para 24 porciones

24 patatas nuevas pequeñas, lavadas y secadas
80 ml de aceite de oliva
1 cucharada de alcaparras escurridas y secadas
1 loncha de bacon
1 cucharada de crema de leche
10 g de mantequilla
125 g de crema agria
1 cucharada de cebollino fresco picado
1 cucharada de caviar negro o rojo

1 Precaliente el horno a 180 °C. Forre una placa para hornear con papel sulfurizado. Coloque las patatas en un cuenco y cúbralas con la mitad del aceite de oliva. Espolvoréelas con sal y pimienta negra, póngalas en la placa y hornéelas 40 minutos o hasta que estén hechas, girándolas 2-3 veces para que se doren por todos los lados.

2 Mientras tanto, caliente el resto del aceite en una sartén y fría las alcaparras a fuego vivo o hasta que se abran como pequeñas flores. Escúrralas sobre papel de cocina. Cueza el bacon bajo el grill caliente. Déjelo enfriar y píquelo.

3 Saque las patatas del horno. Cuando se hayan enfriado lo suficiente para poder tocarlas, corte un sombrero a cada patata. Deseche la parte cortada. Con una cuchara para hacer bolitas de melón o una cucharilla pequeña saque el interior de la patata, dejando un borde de 1 cm. Ponga la carne extraída en un cuenco y mézclela bien con la crema, la mantequilla, la sal y la pimienta. Ponga esta mezcla dentro de las patatas.

4 Corone cada patata con un poco de crema agria. Divida las patatas en cuatro grupos de seis y utilice un complemento para cada grupo: alcaparras, bacon, cebollino y caviar.

Dé la vuelta a las patatas para que se doren de manera uniforme.

Cuando las alcaparras se abran, escúrralas sobre papel de cocina.

Extraiga la carne de la patata y resérvela.

Parfait de higadillos

TIEMPO DE PREPARACIÓN: 45 minutos
+ 4 horas de refrigeración
TIEMPO DE COCCIÓN: 20 minutos
Para 48 porciones

35 g de mantequilla
2 escalonias, peladas y a rodajas
500 g de higadillos de pollo, sin grasa
   ni tejidos conjuntivos
60 ml de crema de leche espesa
1 cucharada de coñac o brandy
48 tostadas Melba o biscotes mini
8 pepinillos cortados en láminas finas
   en diagonal

1 Caliente una sartén grande a fuego medio. Derrita la mantequilla, añada las escalonias y sofríalas removiendo durante 4-5 minutos o hasta que estén blandas y transparentes. Transfiéralas al robot con una espumadera.

2 En la misma sartén, añada los higadillos y fríalos por tandas a fuego vivo de 4-5 minutos sin dejar de remover o hasta que estén bien hechos por fuera y rosas y tiernos por dentro. Añádalos al robot con 2 cucharadas del fondo de cocción, la crema, el coñac y un poco de sal y pimienta. Bata durante 4-5 minutos o hasta obtener una mezcla homogénea. Pásela por un tamiz fino para eliminar cualquier grumo. Póngala en un cuenco, cúbrala con película de plástico y refrigérela al menos 4 horas o hasta que esté fría.

3 En el momento de servir, ponga una cucharadita colmada sobre cada tostada y encima una rodaja de pepinillo. También puede dejar el *parfait* en una fuente de servicio con un pequeño cuchillo para que cada invitado se sirva.

Sofría las escalonias en mantequilla, removiéndolas con regularidad.

Bata los ingredientes hasta que la preparación esté homogénea.

Espiral de hortalizas asadas y queso de cabra

TIEMPO DE PREPARACIÓN: 1 hora

+ 2 horas de refrigeración

TIEMPO DE COCCIÓN: 30 minutos

Para 48 porciones

Pesto

60 g de albahaca fresca

30 g de piñones, tostados

1 diente de ajo

50 ml de aceite de oliva

25 g de queso parmesano rallado

4 pimientos rojos

1 berenjena, cortada en tiras de 5 mm
  a lo largo

60 ml de aceite de oliva, y un poco más
  para pincelar

100 g de queso de cabra blando,
  ligeramente batido

15 hojas de albahaca grandes

1 barra de pan de aceitunas, sin corteza,
  cortada en rebanadas de 5 mm

1 Para el pesto, ponga la albahaca, los piñones y el ajo en el robot y tritúrelos hasta que estén bien picados. Con el motor en marcha, añada el aceite de oliva poco a poco hasta que se mezclen. Transfiera a un cuenco, añada el queso parmesano, sazone y mezcle bien. Tape la superficie con una película de plástico y refrigere hasta que lo vaya a utilizar.

2 Corte los pimientos por la mitad, quite las semillas y las membranas blancas.

Colóquelos, con la piel hacia arriba bajo el grill muy caliente y gratine durante 10 minutos o hasta que la piel se chamusque y salgan ampollas. Colóquelos en una bolsa de plástico, déjelos enfriar y pélelos, intentado no romperlos. Recorte los bordes para que todos estén planos y sean del mismo tamaño.

3 Pincele las berenjenas con el aceite de oliva y áselas bajo el grill durante 3-5 minutos por lado o hasta que estén cocidas.

4 Para montar las espirales, rocíe la superficie de trabajo con un poco de agua y coloque una película de plástico de 50 cm encima (el agua ayuda a fijar el plástico). Ponga la mitad de las tiras de pimiento sobre el plástico formando un rectángulo de 30 x 13 cm. Sazone ligeramente. Coloque una capa de berenjena encima y espolvoree todo el rectángulo con la mitad del queso. Sazone. Extienda la mitad de las hojas de albahaca formando una capa sobre el queso. Con ayuda del plástico, enrolle con firmeza los pimientos a lo largo sellando los extremos. Envuelva bien en papel de aluminio y gire los lados con firmeza. Repita el proceso con el resto de los ingredientes para hacer otro rollito y refrigérelos durante al menos 2 horas.

5 Precaliente el horno a 180 °C. Corte 48 círculos de pan de aceitunas con un cortapastas de la misma anchura que los rollitos, si puede ser, de 4 cm. Pincele con aceite de oliva los círculos de pan y hornéelos de 5-10 minutos o hasta que estén tostados y crujientes. Extienda ½ cucharadita de pesto sobre cada porción. Retire el plástico de los rollitos y, con un cuchillo muy afilado, corte rodajas de 4 mm y colóquelas sobre cada redondel de pan.

Pastelitos de pescado tailandeses con salsa para mojar

TIEMPO DE PREPARACIÓN: 25 minutos

TIEMPO DE COCCIÓN: 15 minutos

Para 24 porciones

500 g de filetes de pescado
   blanco firmes, sin piel
1 ½ cucharadas de pasta de curry rojo
60 g de azúcar
60 ml de salsa de pescado tailandesa
1 huevo
100 g de judías verdes finas, en rodajas finas
10 hojas de lima *kaffir* o cafre frescas, picadas
aceite, para freír

Para la salsa

125 g de azúcar
60 ml de vinagre blanco
1 cucharada de salsa de pescado tailandesa
1 chile rojo pequeño, picado
2 cucharadas de zanahoria finamente picada
2 cucharadas de pepino pelado, sin pepitas
   y picado
1 cucharada de cacahuetes tostados, picados

1 Coloque el pescado en un robot y tritúrelo hasta obtener una pasta homogénea. Añádale la pasta de curry, el azúcar, la salsa de pescado y el huevo. Triture 10 segundos más o hasta que todo esté bien mezclado. Incorpore las judías y las hojas de lima picadas.

2 Forme bolitas del tamaño de una nuez con la mezcla y aplástelas formando hamburguesas.

3 Llene un tercio de la altura de un *wok* con aceite y caliéntelo a 180 °C o hasta que un dado de pan se dore en 15 segundos. Fría los pastelitos por tandas de 3-5 minutos, dándoles la vuelta de vez en cuando. Escúrralos sobre papel de cocina.

4 Para la salsa, ponga el azúcar, el vinagre, la salsa de pescado, el chile y 125 ml de agua en un cazo. Deje cocer 5 minutos a fuego lento o hasta que la salsa se espese un poco. Déjela enfriar. Añádale la zanahoria, el pepino y los cacahuetes picados. Sirva la salsa para acompañar al pescado.

Corte las judías en rodajas
muy finas con un cuchillo afilado.

Triture la mezcla de los pastelitos
hasta que esté bien mezclada.

Dé forma de mini hamburguesa
a la masa de pescado.

Círculos de boniato y remolacha con *crème fraîche* y puerro frito

TIEMPO DE PREPARACIÓN: 25 minutos

TIEMPO DE COCCIÓN: 45 minutos

Para 35 porciones

2 x 425 g de boniatos naranja
   largos y finos, pelados
5 remolachas
125 ml de *crème fraîche*
1 diente de ajo, picado
¼ de cucharadita de cáscara de lima rallada
aceite, para freír
2 puerros, cortados en tiras finas
   de 5 cm de longitud

1 Ponga los boniatos en una cacerola con agua y las remolachas en otra. Lleve a ambos a ebullición a fuego vivo y déjelos cocer a fuego lento y con los recipientes tapados, durante 30-40 minutos o hasta que estén tiernos, añadiendo un poco de agua hirviendo si fuese necesario. Escúrralos y resérvelos hasta que estén lo suficientemente fríos para tocarlos.

Pele las remolachas, córteles los extremos, igual que a los boniatos, y divídalas en rodajas de 1 cm de anchura. Corte las rodajas con un cortapastas para pulirlas. Déjelas escurrir sobre papel de cocina.

2 Coloque la *crème fraîche*, el ajo y la cáscara de lima en un cuenco y mezcle bien. Conserve la mezcla en el frigorífico hasta que la vaya a usar.

3 Llene un tercio de una sartén de fondo grueso con aceite y caliéntelo a 190 °C o hasta que dore un dado de pan en 10 segundos. Fría el puerro en cuatro tandas durante 30 segundos, o hasta que esté dorado y crujiente. Escúrralo sobre papel de cocina y sazone al gusto con sal.

4 Para preparar las porciones, coloque una cucharada de *crème fraîche* sobre cada círculo de boniato y remolacha y encima un poco de puerro frito.

Corte los puerros en tiras muy finas de unos 5 cm.

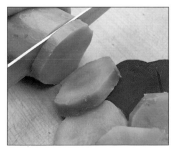

Corte el boniato y la remolacha en rodajas de 1 cm de grosor.

Fría el puerro hasta que esté dorado y crujiente.

41

Buñuelos de bacalao

TIEMPO DE PREPARACIÓN: 15 minutos

+ 24 horas en remojo

TIEMPO DE COCCIÓN: 50 minutos

Para 28 porciones

200 g de bacalao salado
1 patata grande (200 g), sin pelar
2 cucharadas de leche
60 ml de aceite de oliva
1 cebolla pequeña, picada
2 dientes de ajo, picados
30 g de harina con levadura incorporada
2 huevos, separados
1 cucharada de perejil picado
aceite, para freír

1 Ponga a remojar el bacalao en agua fría durante 24 horas, cambiando el agua al menos tres veces. Ponga la patata en una cacerola con agua, lleve a ebullición y déjela cocer 20 minutos o hasta que esté tierna. Escúrrala. Cuando esté lo suficientemente fría para tocarla, pélela y redúzcala a puré con la leche y 2 cucharadas de aceite de oliva.

2 Escurra el bacalao, trocéelo y colóquelo en una cacerola. Cúbralo con agua fría, lleve a ebullición a fuego vivo, reduzca a fuego medio y déjelo cocer 10 minutos por debajo del punto de ebullición o hasta que esté tierno. Escúrralo. Cuando se haya enfriado lo suficiente para tocarlo con las manos, quítele la piel y las espinas, y desmenúcelo con un tenedor.

3 Caliente el resto del aceite en una sartén, añada la cebolla y fría a fuego medio durante 5 minutos o hasta que esté blanda y empiece a dorarse. Incorpore el ajo y fría 1 minuto más. Retire del fuego.

4 Mezcle en un cuenco la patata, el bacalao, la cebolla, la harina, las yemas de huevo y el perejil y sazone con pimienta negra. Bata las claras de huevo hasta que estén a punto de nieve y añádalas a la masa.

5 Llene un tercio de una sartén de fondo grueso con aceite y caliéntelo a 190 °C o hasta que se dore un dado de pan en 10 segundos. Deje caer cucharadas de la masa en el aceite y fríalas durante 2 minutos o hasta que los buñuelos estén hinchados y dorados. Escúrralos sobre papel de cocina y sirva.

Desmenuce bien el bacalao con un tenedor.

Mezcle las claras de huevo a punto de nieve con el resto de los ingredientes.

Hatillos de espárragos y jamón con salsa holandesa

TIEMPO DE PREPARACIÓN: 10 minutos

TIEMPO DE COCCIÓN: 15 minutos

Para 24 porciones

24 espárragos frescos, limpios
8 lonchas de jamón cortadas en tercios
   longitudinales

Salsa holandesa
175 g de mantequilla
4 yemas de huevo
1 cucharada de zumo de limón
pimienta blanca molida

1 Escalde los espárragos en agua hirviendo salada durante 2 minutos, escúrralos y sumérjalos en agua fría. Séquelos bien y córtelos por la mitad. Ponga el extremo inferior del espárrago junto a la yema y envuélvalo con una tira de jamón.

2 Para hacer la salsa holandesa, derrita la mantequilla en un cazo. Retire la espuma de la superficie y déjela enfriar un poco. Mezcle las yemas de huevo con 2 cucharadas de agua en un cuenco refractario pequeño y colóquelo sobre una cacerola con agua hirviendo, asegurándose de que el fondo del cuenco no toque el agua. Bata con unas varillas de 3-4 minutos o hasta que la mezcla esté espesa y esponjosa. Asegúrese de que el cuenco no se calienta demasiado o los huevos acabarán revueltos. Añada la mantequilla, poco a poco al principio, batiendo bien tras cada adición. Siga echando un chorrito de mantequilla, batiendo continuamente, hasta que la haya incorporado toda. Intente evitar el suero del fondo del recipiente pero no se preocupe si cae algo. Incorpore el zumo de limón y sazone con sal y pimienta blanca molida. Coloque la salsa en un cuenco y sírvala con los espárragos calientes.

Escalde los espárragos en agua hirviendo y escúrralos.

Envuelva los dos extremos de cada espárrago con una loncha de jamón.

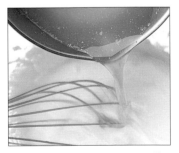

Incorpore poco a poco la mantequilla a la mezcla de la salsa holandesa.

Tostadas de gambas

TIEMPO DE PREPARACIÓN: 20 minutos

TIEMPO DE COCCIÓN: 15 minutos

Para 36 porciones

Salsa

125 ml de salsa de tomate

2 dientes de ajo, picados

2 chiles rojos frescos pequeños,
   sin semillas y picados

2 cucharadas de salsa china *hoisin*
   (de venta en establecimientos orientales)

2 cucharaditas de salsa Worcester

350 g de gambas medianas

1 diente de ajo

75 g de castañas de agua enlatadas (de venta
   en establecimientos orientales), escurridas

1 cucharada de cilantro fresco picado

un trozo de jengibre fresco de 2 x 2 cm,
   groseramente picado

2 huevos, separados

¼ de cucharadita de pimienta blanca

12 rebanadas de pan blanco, sin la corteza

150 g de semillas de sésamo

aceite, para freír

1 Para la salsa, mezcle todos los ingredientes
en un cuenco pequeño.

2 Pele las gambas y quite con cuidado el conducto
intestinal, empezando por la cabeza hasta
la cola. Ponga las gambas en un robot con
el ajo, las castañas, el cilantro, el jengibre, las claras
de huevo, la pimienta y ¼ de cucharadita de sal
y triture durante 20-30 segundos o hasta que la
mezcla esté homogénea.

3 Pincele una cara de cada rebanada con la yema
de huevo batida y extienda la mezcla de gambas.
Espolvoree generosamente con las semillas de
sésamo. Corte cada rebanada en tres tiras iguales.

4 Llene un tercio de una sartén con aceite
y caliéntelo a 180 °C o hasta que se dore un
dado de pan en 15 segundos. Fría las tostadas
por tandas de 10-15 segundos o hasta que estén
doradas y crujientes. Empiece colocando la cara
con las gambas boca abajo y déles la vuelta a la
mitad. Sáquelas del aceite con unas pinzas o una
espumadera y escúrralas sobre papel de cocina.
Sirva las tostadas con la salsa.

*Retire el conducto intestinal
trabajando de la cabeza a la cola.*

*Mezcle la masa de gambas en un
robot, hasta que esté homogénea.*

*Pincele el pan con yema de huevo
y úntelo con la pasta de gambas.*

Ostras

LAS OSTRAS INSPIRAN ELEGANCIA Y APORTAN EL TONO ADECUADO A TODA CELEBRACIÓN.
COMPRE DOS DOCENAS DE OSTRAS Y SÍRVALAS CON ALGUNA DE ESTAS DELICIOSAS COBERTURAS.

RECETA BÁSICA

Compre 24 ostras frescas, retire las conchas y séquelas. Lave las conchas, coloque las ostras encima y cúbralas con un paño húmedo en el frigorífico. Son exquisitas únicamente con un chorrito de limón, pero le aconsejamos que pruebe alguna de estas recetas.

NOTA: las otras se venden frescas vivas en sus conchas. Al comprar ostras ya abiertas, compruebe que estén gordas y húmedas. La carne debe ser cremosa con un líquido claro alrededor. Las ostras huelen a mar y no deben tener trozos

de concha. Si prefiere abrirlas usted mismo, compre las que estén totalmente cerradas y que no tengan las conchas rotas. Las ostras se suelen servir sobre una capa de sal de roca o hielo picado para que se mantengan frescas.

ESCALONIAS Y JENGIBRE

Listo en unos 15 minutos

2 cucharadas de salsa de soja japonesa
1 cucharada de *mirin*
2 cucharaditas de sake
½ cucharadita de azúcar
1 ½ cucharadas de jengibre fresco rallado
2 cucharadas de cebolla tierna finamente
   picada
2 cucharaditas de aceite de sésamo
24 ostras preparadas
semillas de sésamo tostadas, para decorar

Ponga en un cazo la salsa de soja, el *mirin*,
el sake y el azúcar y mezcle bien. Cueza
a fuego lento, removiendo hasta que
el azúcar se disuelva y, a continuación,
incorpore el jengibre y la cebolla tierna.
Cueza a fuego lento 1 minuto y añada
el aceite de sésamo. Ponga ½ cucharadita
de la salsa sobre cada ostra. Decore
con sésamo y sirva.

ALIÑO DE HIERBAS Y LIMÓN

Listo en unos 15 minutos

1 cucharada de eneldo fresco picado
1 diente de ajo, picado
1 cucharada de perejil picado
2 cucharaditas de cebollino finamente picado
2 cucharadas de zumo de limón
60 ml de aceite de oliva virgen extra
24 ostras preparadas
lazos de cebollino, para decorar
pan integral, en cuadraditos para decorar

Ponga en un cuenco el eneldo, el ajo,
el perejil, el cebollino, el zumo de limón
y el aceite y sazone al gusto con sal y
pimienta negra. Mezcle bien, espolvoree
un poco del aliño sobre cada ostra.
Decore con los lazos de cebollino y sirva
con los cuadraditos de pan integral.

CRÈME FRAÎCHE CON WASABI
Listo en menos de 15 minutos

80 ml de *crème fraîche*
2 cucharadas de mayonesa de huevo
1 ½ cucharaditas de pasta *wasabi*
24 ostras preparadas
caviar, para decorar
trocitos de lima, para decorar

Mezcle en un cuenco la *crème fraîche*,
la mayonesa y la pasta *wasabi* y bata bien.
Ponga una cucharadita de la mezcla sobre
cada ostra y decore con el caviar y la lima.

SALSA DE TOMATE, CHILE Y CILANTRO
Listo en menos de 15 minutos

2 tomates maduros, sin semillas y picados
2 escalonias, finamente picadas
2 chiles rojos frescos pequeños,
  sin semillas y a rodajas
3 cucharadas de cilantro fresco picado
1 cucharada de zumo de lima
24 ostras preparadas

Coloque en un cuenco el tomate,
las escalonias, el chile y el cilantro y mezcle
bien. Incorpore el zumo de lima, y sazone
con sal y pimienta. Ponga una cucharadita
de salsa sobre cada ostra.

JAMÓN Y VINAGRE BALSÁMICO
Listo en menos de 15 minutos

2 cucharaditas de aceite de oliva
6 lonchas de jamón, finamente picado
2 escalonias, finamente picadas
1 cucharada de vinagre balsámico
24 ostras preparadas

Caliente el aceite en una sartén
a fuego medio y fría el jamón y las escalonias
hasta que el primero esté crujiente. Añada
el vinagre y cueza 1 minuto para calentarlo.
Ponga una pequeña cantidad sobre
cada ostra.

Tortitas de calabacín y queso

TIEMPO DE PREPARACIÓN: 15 minutos

TIEMPO DE COCCIÓN: 25 minutos

Para 45 porciones

300 g de calabacín

4 cebollas tiernas, en rodajas finas

200 g de queso griego feta, rallado

30 g de harina

2 huevos

1 cucharada de eneldo fresco picado,
  más unas ramitas para decorar

60 ml de aceite

1 limón, cortado en rodajas muy finas,
  sin pepitas

90 g de yogur griego espeso

1 Ralle groseramente el calabacín y estrújelo para que suelte todo el líquido posible usando las manos o un paño limpio. Mezcle el calabacín con la cebolla tierna, el queso, la harina, los huevos y el eneldo. Sazone bien con sal y pimienta negra.

2 Caliente el aceite en una sartén grande de fondo grueso. Dé forma a las tortitas (utilizando dos cucharaditas colmadas de masa) y fríalas por tandas unos 2 minutos por lado o hasta que estén doradas y firmes. Escúrralas sobre papel de cocina.

3 Corte cada rodaja de limón en cuatro u ocho partes, dependiendo del tamaño, para hacer pequeños triángulos.

4 Ponga encima de cada tortita ½ cucharadita de yogur, un trozo de limón y una ramita de eneldo.

Exprima el calabacín rallado con las manos para que suelte el líquido.

Fría las tortitas hasta que estén doradas por ambos lados.

Pastelillos tailandeses de pollo y cacahuetes

TIEMPO DE PREPARACIÓN: 15 minutos
+ 30 minutos de refrigeración
TIEMPO DE COCCIÓN: 15 minutos
Para 24 porciones

3 cucharaditas de azúcar de palma rallado
  o azúcar moreno
1 cucharada de salsa de pescado tailandesa
350 g de carne de pollo picada
120 g de cacahuetes tostados, picados
40 g de pan rallado fresco
1 cucharada de pasta de curry rojo tailandesa
1 cucharada de zumo de lima
3 hojas de lima kaffir o cafre a tiras muy finas
2 cucharadas de salsa de chile dulce
2 cucharadas de cilantro fresco picado
125 ml de aceite
1 hoja de plátano, cortada en trozos
  de 24 x 5 cm
salsa de chile dulce extra, para servir

1 Disuelva el azúcar en la salsa de pescado, y póngala en un cuenco grande con la carne de pollo, los cacahuetes, el pan rallado, la pasta de curry, las hojas de lima y el zumo de lima, la salsa de chile dulce y el cilantro. Mezcle bien. Divida la mezcla en 24 bolitas, que serán muy blandas. Aplaste las bolitas para formar discos de 1,5 cm de grosor. Colóquelos formando una capa en una bandeja, cubra con película de plástico y refrigere durante 30 minutos.

2 Caliente el aceite en una sartén de fondo grueso y fría los pastelillos de 2-3 minutos por lado y por tandas, hasta que estén firmes y dorados. Escúrralos sobre papel de cocina.

3 Coloque un pastelillo sobre cada trozo de plátano y ponga encima un poco de salsa de chile dulce. Pinche con un palillo para que sea más fácil servirlos.

Corte las hojas de lima con un cuchillo afilado.

Mezcle todos los ingredientes de los pastelillos en un cuenco.

Fría los pastelillos hasta que estén firmes y dorados.

Muslitos de pollo con mostaza y miel

TIEMPO DE PREPARACIÓN: 20 minutos

+ 2 horas de adobo

TIEMPO DE COCCIÓN: 45 minutos

Para 24 porciones

80 ml de aceite
90 g de miel
60 ml de salsa de soja
60 g de mostaza de Dijon
60 ml de zumo de limón
4 dientes de ajo, picados
24 muslos de pollo

1 Para el adobo, ponga el aceite, la miel, la salsa de soja, la mostaza, el zumo de limón y el ajo en una fuente no metálica grande y mezcle bien.

2 Desgrase el pollo, póngalo en el adobo y remueva para que quede bien cubierto. Tape y meta en el frigorífico al menos 2 horas o una noche entera, si es posible, dándole la vuelta 2-3 veces.

3 Precaliente el horno a 200 °C. Coloque la carne en la rejilla dispuesta sobre una placa para hornear cubierta con papel de aluminio. Hornee el pollo mojándolo con el adobo de 3-4 veces y dándole la vuelta durante 45 minutos o hasta que esté dorado y cocido. Sírvalo inmediatamente con servilletas para limpiarse las manos.

Corte el exceso de grasa del pollo.

Coloque la rejilla sobre una placa para recoger el líquido que gotee.

Dados de atún rebozados con sésamo y *wasabi*

TIEMPO DE PREPARACIÓN: 10 minutos
TIEMPO DE COCCIÓN: 5 minutos
Para unos 40 dados

Salsa de jengibre y soja
un trozo de 2 x 2 cm de jengibre fresco, cortado en juliana
2 cucharadas de salsa de soja japonesa
2 cucharadas de *mirin*
1 cucharadita de pasta *wasabi*
¼ de cucharadita de aceite de sésamo

Dados de atún
600 g de filetes de atún fresco
2 cucharaditas de *wasabi* en polvo
50 g de semillas de sésamo negro
60 ml de aceite
palillos, para servir

1 Para la salsa, ponga el jengibre, la salsa de soja japonesa, el *mirin*, la pasta *wasabi* y el aceite de sésamo en un cuenco pequeño y mezcle bien. Reserve.

2 Corte el atún en dados de 2 cm con un cuchillo muy afilado. Ponga el atún en un cuenco. Añada el polvo de *wasabi* mezclado con las semillas de sésamo negro y remueva para que el atún quede bien recubierto.

3 Caliente el *wok* a fuego vivo, añada la mitad del aceite y gire el recipiente para que las paredes queden engrasadas. Añada la mitad del atún y fría removiendo con cuidado de 1-2 minutos o hasta que esté dorado por fuera y rosado dentro. Escúrralo sobre papel de cocina y repita la operación con el resto del aceite y el atún. Colóquelo en una fuente y con la salsa a un lado y pinche con un palillo en cada porción para que los invitados puedan sujetar los dados.

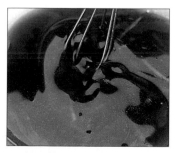

Mezcle todos los ingredientes de la salsa en un cuenco pequeño.

Corte el atún en dados de 2 cm con un cuchillo afilado.

Recubra los dados con las semillas de sésamo negro y el wasabi en polvo.

Buñuelos de queso de cabra con salsa de pimiento asado

TIEMPO DE PREPARACIÓN: 20 minutos
+ 30 minutos de refrigeración
TIEMPO DE COCCIÓN: 30 minutos
Para 30 porciones

Salsa de pimientos asados
2 pimientos rojos
2 cucharadas de aceite de oliva
1 cebolla roja pequeña, picada
1 diente de ajo
80 ml de caldo de pollo o verduras

420 g de ricotta o requesón, bien escurrido
400 g de queso de cabra, desmenuzado
2 cucharadas de cebollino fresco picado
30 g de harina
2 huevos, ligeramente batidos
100 g de pan rallado
aceite, para freír

1 Corte los pimientos en 2-3 trozos, quíteles semillas y membranas. Colóquelos con la piel hacia arriba bajo el grill caliente hasta que la piel se chamusque y aparezcan ampollas. Déjelos enfriar en una bolsa de plástico, pélelos y pique la carne en trozos grandes.

2 Caliente aceite de oliva en una sartén a fuego medio y sofría la cebolla y el ajo de 4-5 minutos o hasta que estén tiernos. Añada el pimiento y el caldo. Lleve a ebullición, retire del fuego, enfríe ligeramente y transfiera al robot. Bata hasta que todo esté bien mezclado, pero aún queden grumos. Sazone al gusto con sal y pimienta negra, y refrigere la salsa hasta que la vaya a usar.

3 Mezcle la ricotta, el queso de cabra y el cebollino en un cuenco. Añada la harina y los huevos, sazone y mezcle bien.

4 Ponga el pan rallado en un cuenco. Forme una bola con una cucharada rasa de la mezcla de queso con las manos húmedas, aplástela un poco y recúbrala con el pan rallado. Repita la operación con el resto de la masa. Refrigere 30 minutos.

5 Llene un tercio de la altura de una sartén profunda de fondo grueso con aceite y caliéntelo a 180 °C o hasta que se dore un dado de pan en 15 segundos. Fría los buñuelos por tandas durante 1 minuto o hasta que estén dorados, sáquelos de la sartén y escúrralos sobre papel de cocina. Sírvalos calientes con la salsa de pimientos.

Bata la mezcla de pimientos hasta que esté homogénea.

Reboce los buñuelos con el pan rallado.

Rollitos tailandeses de salchicha de pollo

TIEMPO DE PREPARACIÓN: 20 minutos
TIEMPO DE COCCIÓN: 15 minutos
Para 24 porciones

200 g de filetes de pechuga de pollo,
 groseramente picados
150 g de panceta, picada
1 diente de ajo, picado
3 cebollas tiernas, picadas
2 cucharadas de cilantro fresco picado
2 chiles rojos pequeños, sin semillas
 y finamente picados
1 cucharadita de salsa de pescado
1 huevo
1 cucharadita de jengibre fresco rallado
375 g de pasta de hojaldre congelada
1 yema de huevo
2 cucharadas de semillas de sésamo
salsa de chile dulce, para servir
cilantro fresco, para decorar

1 Precaliente el horno a 180 °C. Ponga en el robot el pollo, la panceta, el ajo, la cebolla tierna, el cilantro, el chile, la salsa de pescado, un huevo entero y el jengibre y bata hasta que los ingredientes estén justo mezclados.

2 Extienda el hojaldre formando un rectángulo de 30 x 40 cm. Córtelo por la mitad en sentido longitudinal. Con las manos enharinadas, coloque la mitad del relleno encima y enrolle la pasta formando una salchicha. Pincele los bordes con un poco de agua y dóblelos para sellar el relleno. Coloque el rollo con el punto de unión hacia abajo. Repita la operación con el resto del hojaldre y el relleno.

3 Corte los rollitos con un cuchillo afilado en trozos de 3 cm en diagonal; deseche los bordes. Pincélelos con la yema de huevo y espolvoréelos con las semillas de sésamo. Hornéelos de 10-15 minutos o hasta que estén dorados. Sírvalos con la salsa de chile dulce y decore con cilantro fresco.

Mezcle los ingredientes del relleno en un robot y triture bien.

Coloque el relleno sobre una de las tiras de hojaldre.

Trenzas mediterráneas

TIEMPO DE PREPARACIÓN: 15 minutos

TIEMPO DE COCCIÓN: 35 minutos

Para 24 porciones

2 cucharadas de aceite de oliva
2 cebollas, en rodajas finas
80 ml de vino blanco seco
3 cucharaditas de azúcar
30 g de perejil picado
8 anchoas, escurridas y picadas
130 g de queso gruyere groseramente rallado
6 láminas de pasta filo
60 g de mantequilla, derretida

1 Precaliente el horno a 220 °C y caliente una placa de hornear. Caliente el aceite en una sartén y sofría la cebolla a fuego lento 5 minutos. Añada el vino y el azúcar, y cueza a fuego lento de 10-15 minutos o hasta que la cebolla esté dorada. Retire del fuego y deje enfriar.

2 Mezcle el perejil con las anchoas, el queso y la cebolla fría.

3 Mantenga la pasta filo tapada mientras trabaja. Tome una lámina, pincélela con un poco de mantequilla, cúbrala con otra lámina y repita la operación hasta que tenga tres capas de láminas untadas con mantequilla. Esparza la mezcla de perejil sobre el hojaldre y ponga encima las otras tres láminas, untando con mantequilla cada capa como antes. Presione firmemente y corte el hojaldre por la mitad a lo ancho y luego cada mitad en tiras de 1,5-2 cm de anchura. Pincele con mantequilla por encima y tuerza con cuidado cada tira. Sazone con un poco de pimienta negra, coloque las trenzas en la bandeja de hornear y hornéelas de 10-15 minutos o hasta que estén doradas.

Cueza la cebolla con el vino y el azúcar hasta que esté tierna y dorada.

Reparta la mezcla de perejil sobre la pasta.

Use una regla para cortar tiras finas de pasta.

Pastelitos de *risotto* con mayonesa de limón

TIEMPO DE PREPARACIÓN: 30 minutos

+ 2 horas 30 minutos en reposo

TIEMPO DE COCCIÓN: 40 minutos

Para 30 porciones

1 l de caldo de pollo

1 cucharada de aceite de oliva

1 diente de ajo, picado

1 cebolla pequeña, picada

220 g de arroz de grano redondo
   o de calasparra arborio

125 ml de vino blanco seco

4 alcachofas en conserva, escurridas y picadas

25 g de queso parmesano rallado grande

1 cucharadita de cáscara de limón rallada

60 g de harina

2 huevos, batidos

100 g de pan rallado

50 g de panceta

aceite, para freír

15 aceitunas negras deshuesadas
   cortadas por la mitad

perejil, para decorar

Mayonesa de limón

80 g de mayonesa de huevo

1 cucharadita de cáscara de limón rallado

1 Vierta el caldo en una cacerola y lleve a ebullición. Reduzca el fuego, tape y déjelo a fuego lento.

2 Caliente el aceite en una sartén grande y sofría el ajo y la cebolla a fuego lento de 4-5 minutos o hasta que la cebolla esté tierna. Incorpore

el arroz y remueva durante 1 minuto o hasta que se haya mezclado bien con el aceite. Añada el vino y remueva a fuego medio hasta que se evapore. Añada 125 ml del caldo caliente, y remueva constantemente hasta que el caldo casi se haya absorbido. Añada más caldo, 125 ml cada vez, removiendo constantemente hasta que se absorba antes de añadir más. El *risotto* estará listo al cabo de 20 minutos, cuando el arroz esté tierno y cremoso. Añada las alcachofas, el queso parmesano y la cáscara de limón.

3 Extienda el *risotto* sobre una placa y déjelo enfriar 2 horas.

4 Ponga en un cuenco la harina, el huevo en otro y el pan rallado en un tercero. Con las manos húmedas, forme 30 bolas con el arroz de 3 cm de anchura y 1,5 cm de grosor. Enharínelas, páselas por el huevo y cúbralas con el pan rallado. Refrigérelas al menos 30 minutos.

5 Fría la panceta en una sartén antiadherente hasta que esté crujiente y corte cada loncha en 10 partes.

6 Para la mayonesa de limón, mezcle la cáscara de limón con la mayonesa.

7 Caliente el aceite en una sartén y fría los pastelitos de *risotto* por tandas de 2-3 minutos por lado o hasta que estén dorados y crujientes. Escúrralos sobre papel de cocina. Ponga encima de cada uno ½ cucharadita de mayonesa, un trozo de panceta, la mitad de una aceituna y una hoja de perejil. Estos pastelitos pueden servirse calientes o templados.

Mini pizzas

EL PRIMER PASO PARA ESTAS MINI PIZZAS CONSISTE EN HACER LA MASA PARA LAS BASES.
DESPUÉS, ELIJA LOS INGREDIENTES Y HORNÉELAS UNOS MINUTOS. OBTENDRÁ 24 DELICIOSAS PIZZAS.

MASA DE PIZZA

7 g de levadura en polvo de sobre
½ cucharadita de azúcar lustre
250 g de harina
1 cucharada de aceite de oliva

Mezcle la levadura, el azúcar y 185 ml
de agua caliente en un cuenco pequeño,
tape y deje reposar 10 minutos o hasta
que la mezcla esté espumosa. Si no forma
espuma al cabo de este tiempo, deséchela
e inténtelo de nuevo.

Tamice la harina y ½ cucharadita
de sal sobre un cuenco grande y haga
un hueco en el centro. Vierta la mezcla
de levadura y añada el aceite. Mezcle
con un cuchillo de hoja plana, como
si la cortara, hasta obtener una masa.
Pásela a la superficie de trabajo ligeramente
enharinada y amásela durante 10 minutos
o hasta que esté homogénea. Transfiérala
a un cuenco grande con un poco de aceite,
tape con película de plástico y deje reposar
45 minutos o hasta que haya doblado
de tamaño.

Precaliente el horno a 230 °C. Golpee
la masa y amásela durante 8 minutos o hasta
que esté elástica. Divida la masa en 24 partes
iguales y forme con cada porción una bola
con las manos. Extienda cada bola con
un rodillo formando un círculo de 3-4 cm
de grosor y 4,5 cm de diámetro. Pinche la
superficie un par de veces con un tenedor
y pincele con aceite. Mantenga las bolas
sin amasar tapadas para que no se sequen
mientras trabaja el resto.

Coloque las bases en una bandeja
para hornear ligeramente engrasada,
ponga encima los ingredientes que desee
y hornee de 8-10 minutos. Para 24 porciones.

Nota: si prepara pizza turca, necesitará
1 ½ medidas de la masa; para las demás,
sólo 1 medida.

GAMBAS Y PESTO
Listas en menos de 3 horas

2 cucharadas de aceite de oliva
1 cucharadita de albahaca fresca picada
1 diente de ajo, picado
24 gambas medianas hervidas,
    peladas y sin el conducto intestinal
60 g de pesto casero o comercial
24 bases de pizza
24 hojas de albahaca fresca pequeñas
24 piñones

Mezcle el aceite, la albahaca picada,
el ajo y las gambas en un cuenco no
metálico. Cubra con película de plástico
y refrigere durante 30 minutos. Extienda
½ cucharadita de pesto sobre cada pizza,
dejando un borde fino alrededor. Ponga
una gamba, una hoja de albahaca y un
piñón en el centro de cada pizza y hornee.

POLLO *TANDOORI*

Listo en menos de 3 horas

60 g de pasta *tandoori* preparada
  (de venta en establecimientos orientales)
1 diente de ajo, picado
4 cucharadas de hojas de cilantro fresco
  picado, y extra para decorar
125 g de yogur natural
550 g de filetes de muslo de pollo,
  limpios y cortados en dados
1 pepino pequeño, pelado, por la mitad,
  sin semillas y picado
1 cucharada de aceite, y un poco más
  para rociar
2 cucharaditas de yogur natural, adicional
24 bases de pizza

Mezcle la pasta *tandoori*, el ajo, 3 cucharadas
de cilantro y 60 g de yogur en un cuenco
no metálico. Añada el pollo, tape y meta
en el frigorífico.

   Mientras tanto, ponga el pepino
en un colador. Espolvoréelo con sal
y déjelo reposar 30 minutos. Enjuáguelo,
exprímalo y mézclelo con el resto del yogur
y el cilantro. Refrigere hasta que lo vaya
a utilizar.

   Caliente el aceite en una sartén grande
y fría el pollo por tandas de 6-8 minutos
a fuego medio alto o hasta que esté tierno.
Incorpore el yogur adicional. Coloque una
cucharadita colmada de pollo en cada base
y aplaste con el dorso de una cuchara. Rocíe
con aceite. Hornee, ponga encima el pepino
y decore con el cilantro.

PIZZA TURCA
Lista en menos de 3 horas

1 cucharada de aceite de oliva,
    y un poco más para pincelar
375 g de cordero picado
1 cebolla, picada
40 g de piñones
1 tomate, pelado, sin semillas y picado
$1/4$ de cucharadita de canela molida
una pizca de pimienta de Jamaica
2 cucharaditas de cilantro fresco picado,
    y un poco más para servir
2 cucharaditas de zumo de limón
1 $1/2$ medidas de masa para pizza
60 g de yogur natural

Caliente el aceite en una sartén a fuego medio y fría la carne picada durante 3 minutos o hasta que esté dorada. Añada la cebolla y cueza a fuego lento de 6-8 minutos o hasta que se ablande. Añada los piñones, el tomate, las especias, $1/4$ de cucharadita de pimienta negra y un poco de sal y fría 8 minutos o hasta que el líquido se evapore. Incorpore el cilantro y el zumo de limón y sazone.

Extienda la masa de pizza formando 24 bases ovaladas pequeñas. Ponga un poco de relleno con una cuchara en el centro de cada base. Levante y presione los dos extremos cortos para formar una barquita y pincele con una brocha con aceite las pizzas. Hornee. Ponga $1/2$ cucharadita de yogur sobre cada pizza y espolvoree con cilantro.

Bocaditos mexicanos

TIEMPO DE PREPARACIÓN: 40 minutos

+ 30 minutos de refrigeración

TIEMPO DE COCCIÓN: 5 minutos

Para 36 porciones

740 g de judías arriñonadas, escurridas
1 cucharadita de comino molido
2 cucharadas de aceite de oliva
¼ de cucharadita de pimienta de Cayena
1 aguacate
1 diente de ajo pequeño, picado
2 cucharadas de crema agria
2 cucharadas de zumo de lima
1 tomate maduro, sin semillas y picado
2 cucharadas de cilantro fresco picado
250 g de chips de tortillas

1 Para preparar las judías, póngalas en un cuenco, aplástelas bien con el aplastapatatas y, a continuación, añada el comino. Caliente 1½ cucharadas de aceite en una sartén grande antiadherente y añada la pimienta de Cayena y las judías aplastadas. Fría a fuego medio alto durante 2-3 minutos, removiendo constantemente. Deje enfriar y reserve en el frigorífico durante 30 minutos o hasta que la preparación esté fría.

2 Con una cuchara, saque la carne del aguacate y póngala en el robot, añada el ajo, la crema agria y 1 cucharada del zumo de lima. Triture unos minutos hasta que quede cremosa, sale al gusto y refrigere.

3 Para la salsa, mezcle el tomate, el cilantro, el resto del aceite y el zumo de lima en un cuenco. Reserve en el frigorífico.

4 Para preparar las porciones, extienda 36 tortillas. Ponga una cucharadita colmada de las judías refritas en el centro de cada tortilla, añada una cucharadita de crema de aguacate y, por último, media cucharadita de salsa de tomate.

Aplaste las judías con un aplastapatatas.

El aguacate y los demás ingredientes deben formar una pasta cremosa.

Prepare la salsa con el tomate, el cilantro y el zumo de limón.

Gyoza

TIEMPO DE PREPARACIÓN: 30 minutos

TIEMPO DE COCCIÓN: 30 minutos

Para 45 porciones

300 g de cerdo picado

250 g de col china a tiras, ligeramente
  blanqueada y escurrida

60 g de cebollinos chinos frescos, picados
  (u hojas verdes de cebolla tierna)

1 cucharada de jengibre fresco picado

60 ml de salsa de soja

1 cucharada de vino de arroz

1 cucharadita de azúcar

45 obleas de *gow gee* (o pera *wonton*)

2 cucharaditas de aceite

Salsa

2 cucharadas de salsa de soja

1 cucharada de vinagre chino negro

1 cucharadita de aceite de sésamo

½ cucharadita de aceite de chile

1 Coloque la carne picada, la col
china, el cebollino chino y el jengibre
en un cuenco y mezcle bien. Añada
la salsa de soja, el vino de arroz, el azúcar
y 1 cucharadita de sal a la mezcla y remueva bien.

2 Coloque una oblea de *gow gee* en la palma de la
mano y luego, con la otra mano, ponga 2 cucharaditas
de relleno en el centro. Con los dedos húmedos, una
los bordes para formar una empanadilla y pincélelos
éstos para sellarlos con unos pliegues.

3 Presione un lado de la empanadilla sobre la superficie
de trabajo para que se aplane; esto hará que sea más
fácil freír las empanadillas en una sartén.

4 Caliente el aceite en una sartén a fuego medio alto,
añada los *gyoza* por tandas y fríalos de 1-2 minutos
por el lado plano, sin mover, para que se doren y
queden crujientes por ese lado. Páselos a una fuente.
Vuelva a poner los *gyoza* en la sartén por tandas
y añada poco a poco 100 ml de agua y ponga
la tapa. Déjelos cocer al vapor durante 5 minutos.
Retírelos de la sartén y seque ésta entre tanda
y tanda.

5 Para la salsa, mezcle todos los ingredientes
en un cuenco pequeño. Sírvala con los *gyoza*.

Coloque dos cucharaditas de relleno
en el centro de cada gow gee.

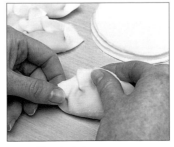

Pince el borde de los gyoza para
sellarlos formando pliegues.

Fría los gyoza por tandas, por el lado
plano, sin darles la vuelta.

Bocaditos de paté de setas

TIEMPO DE PREPARACIÓN: 30 minutos

+ 2 horas de remojo + 3 horas de refrigeración

TIEMPO DE COCCIÓN: 15 minutos

Para 30 porciones

20 g de setas variadas secas, como
   setas de Burdeos, rebozuelos,
   trompetas de los muertos
50 g de mantequilla
375 g de champiñones a rodajas
1 diente de ajo, picado
2 cucharadas de coñac
60 ml de crema de leche espesa
1 cucharadita de tomillo fresco
¼ cucharadita de bayas de enebro, molidas
100 g de mini tostadas Melba pequeñas
crème fraîche, para servir
30 hojas de perejil

1 Ponga a remojar las setas en un cuenco con 250 ml de agua caliente durante 2 horas o hasta que estén blandas. Escúrralas reservando 2 cucharadas del líquido. Deseche las setas duras y leñosas después de ese tiempo.

2 Derrita la mantequilla en una sartén grande a fuego medio, añada los champiñones y saltéelos 5 minutos. Añada el ajo y fríalo 1 minuto; añada el líquido de remojo reservado y cueza de 5-8 minutos, removiendo cada cierto tiempo. Vierta el coñac y cueza 2 minutos más o hasta que se evapore. Retire del fuego y deje enfriar durante 10 minutos.

3 Transfiera las setas frías a la batidora con la crema, el tomillo, el enebro, ½ cucharadita de sal y otra de pimienta negra molida y bata de 4-5 minutos o hasta obtener una mezcla homogénea.

4 Ponga el paté en un cuenco y refrígerelo, tapado, durante 3 horas o hasta que se haya enfriado totalmente. Ponga una cucharadita de paté en cada tostada y encima ½ cucharadita de *crème fraîche* y una hoja de perejil.

*Remueva las setas con regularidad
mientras se cuecen.*

*Bata las setas en el robot hasta
que formen una masa homogénea.*

Rollitos de pato a la pequinesa

TIEMPO DE PREPARACIÓN: 35 minutos

+ 10 minutos en reposo

TIEMPO DE COCCIÓN: 5 minutos

Para 24 porciones

125 g de harina

½ cucharadita de aceite de sésamo

½ pato asado chino grande

6 cebollas tiernas, cortadas en trozos
de 6 cm de largo (24 piezas en total)

1 pepino, sin semillas, cortado en tiras
de 6 cm x 5 mm

2-3 cucharadas de salsa china *hoisin*
(de venta en establecimientos orientales)

2 cucharaditas de semillas de sésamo tostadas

24 cebollinos, escaldados

1 Tamice la harina sobre un cuenco
pequeño, haga un hueco en el centro
y añada el aceite de sésamo y 125 ml
de agua hirviendo. Mezcle bien hasta
que la masa esté homogénea y un
poco pegajosa. Si es necesario, añada
unas cucharaditas más de agua si
la mezcla sigue seca. Amase sobre la
superficie de trabajo enharinada durante 5 minutos
aproximadamente o hasta que la masa esté
homogénea. Tápelo y déjelo reposar 10 minutos.

2 Desmenuce la carne de pato con los dedos y corte
la piel en tiras finas.

3 Extienda la masa con el rodillo y divídala en 24 partes,
luego extienda cada una formando un círculo de
8-9 cm sobre la superficie de trabajo enharinada.
Una vez que haya extendido las porciones, colóquelas
formando una sola capa y cúbralas con película
de plástico o un paño mientras extiende el resto.

4 Para preparar las tortitas, caliente una sartén
antiadherente a fuego medio alto, y cueza las tortitas
por tandas 20 segundos aproximadamente cada
lado. No las cueza mucho, pues quedarán demasiado
crujientes para poder enrollarlas. Las tortitas deben
tener unas motitas doradas. Coloque las tortitas
en una fuente y manténgalas calientes. Si se enfrían
demasiado, envuélvalas con papel de aluminio
y hornéelas a 170 °C hasta que estén calientes
o caliéntelas de 20-30 segundos en el microondas
a la máxima potencia.

Extienda cada porción de masa
con un rodillo formando un círculo.

Enrolle las tortitas alrededor del
relleno; ate con el cebollino escaldado.

5 Coloque un poco de cebolla
tierna, pepino, pato y piel
de pato en cada rollito. Rocíe
con ½ cucharadita de salsa
hoisin y espolvoree con las
semillas de sésamo. Enrolle
los rollitos con firmeza
y átelos con una tira de
cebollino escaldado.

BLUME

Título original:
Finger Food

Traducción:
Clara E. Serrano Pérez

Revisión y adaptación de la edición en lengua española:
Ana María Pérez Martínez
Especialista en temas culinarios

Coordinación de la edición en lengua española:
Cristina Rodríguez Fischer

Primera edición en lengua española 2006

© 2006 Naturart, S.A. Editado por Blume
Av. Mare de Déu de Lorda, 20
08034 Barcelona
Tel. 93 205 40 00 Fax 93 205 14 41
E-mail: info@blume.net
© 2004 Murdoch Books, Sídney (Australia)

I.S.B.N.: 84-8076-604-2

Impreso en China

CONSULTE EL CATÁLOGO DE PUBLICACIONES *ON-LINE*
INTERNET: HTTP://WWW.BLUME.NET